Cyro de Mattos

Poemas escolhidos

Segundo Prêmio Literário
Internacional Maestrale Marengo d'Oro
Gênova – Itália – 2006

Edição bilíngüe

Seleção e tradução
Mirella Abriani

São Paulo, 2007

Copyright do texto © 2007 Cyro de Mattos
Copyright da edição © 2007 Escrituras Editora

Todos os direitos desta edição foram cedidos à:
Escrituras Editora e Distribuidora de Livros Ltda.
Rua Maestro Callia, 123
04012-100 – Vila Mariana – São Paulo, SP
Tel.: (11) 5904-4499
Fax.: (11) 5904-4495
escrituras@escrituras.com.br
www.escrituras.com.br

Editor *Raimundo Gadelha*
Coordenação editorial *Camile Mendrot e Herbert Junior*
Revisão do texto *Karina Danza e Antonio Paulo Benatte*
Capa e projeto gráfico *Herbert Junior*
Editoração eletrônica *Ingrid Velasques e Fábio Garcia*
Impressão *Bartira*

Dados Internacionais de Catalogação na Publicação (CIP)
(Câmara Brasileira do Livro, SP, Brasil)

Mattos, Cyro de
    Poemas escolhidos = Poesie scelte / Cyro de Mattos ; seleção e tradução de Mirella Abriani / selezione e traduzione di Mirella Abriani. – São Paulo : Escrituras Editora, 2007.

"Segundo Prêmio Literário Internacional Maestrale Marengo d'Oro – Gênova – Itália – 2006"
    Edição bilíngüe: português/italiano.
    ISBN 978-85-7531-262-9

1. Poesia brasileira I. Abriani, Mirella. II. Título. III. Título: Poesie scelte.

07-5015   CDD-869.91

Índice para catálogo sistemático:
1. Poesia : Literatura brasileira   869.91

Impresso no Brasil
Printed in Brazil

Cyro de Mattos

Poesie scelte

Secondo Premio Letterario
Internazionale Maestrale Marengo d'Oro
Genova – Italia – 2006

Edizione bilingue

Selezione e traduzione
Mirella Abriani

São Paulo, 2007

Os poemas desta breve antologia foram extraídos de *Vinte poemas do rio*, *Cancioneiro do cacau*, *Os enganos cativantes*, *O menino camelô*, livros publicados, e do inédito *Rumores de relva e de remo*. O poema "O menino e o mar" participa da antologia *Minha vida é uma memória*, publicação do Instituto Piaget de Almada, Portugal.

Le poesie di questa breve raccolta sono tratte retirate da *Vinte poemas do rio*, *Cancioneiro di cacau*, *Os enganos cativantes*, *O menino camelô*, libri pubblicati, e dall'inedito *Rumores de relva e de remo*. La poesia "O menino e o mar" fa parte dell'antologia *Minha vida é uma memória*, pubblicazione dell'Istituto Piaget de Almada, Portogallo.

Para

Assis Brasil
e Eduardo Portella

Sumário
Indice

A líquida música dos sentidos 10
La liquida musica delle sensazioni 16

Rio morto 22
Fiume morto 24

Viola 26
Viola 27

Fruto 28
Frutto 29

Embarque 30
Imbarco 32

Itabuna 34
Itabuna 35

Cantador 36
Cantore 38

Galo 40
Gallo 41

Rio Cachoeira 42
Fiume Cachoeira 44

Meu jardim 46
Il mio giardino 47

Flores 48
   Fiori *49*
ABC do amor 50
   ABC dell'amore *51*
Lugar 52
   Luogo *53*
Mar grande 54
   Mare grande *55*
Dunas 56
   Dune *57*
Feições da rosa 58
   Fattezze della rosa *59*
O evento terno 60
   Il tenero evento *61*
Fábula 62
   Favola *63*
Oferenda 64
   Offerta *65*
Invenções do mar 66
   Invenzioni del mare *67*
Poema todo verde 68
   Poesia tutta verde *69*
País de nenhum azul 70
   Paese di nessun azzurro *71*
Tropas 72
   Truppe *73*
O menino e o mar 74
   Il bambino e il mare *75*

Soneto da solidão telúrica – II 76
Sonetto della solitudine della Terra – II 77

Canto a Nossa Senhora das Matas 78
Canto alla Nostra Signora dei Boschi 82

Obras de Cyro de Mattos 87

A líquida música dos sentidos

Sobre Poemas escolhidos, *de Cyro de Mattos*

Esta nova coletânea de Cyro de Mattos, poeta brasileiro da Bahia e do mundo, que com ela conquistou o Troféu de Prata San Marco na X Edição do Prêmio Literário Internacional Maestrale Marengo d'Oro, em Gênova, Itália, em setembro de 2006, é da responsabilidade da poetisa, crítica e tradutora italiana Mirella Abriani, que amorosamente verte para o italiano os poemas escolhidos. Suspeita-se que a seleção tem a ver, pelo menos até certo ponto, com o que eu chamaria de traduzibilidade. Traduzir não é dizer a mesma coisa em outra língua. Pelo contrário, traduzir é tornar manifesta *uma coisa outra*. Por maioria de razões, traduzir poesia (Haroldo de Campos chamava-lhe "criação paralela") não é dizer o mesmo de modo diferente; é, antes de tudo, *falar de novo*. É o que faz belamente Mirella Abriani em *Poesie scelte*, 25 poemas retirados de vários volumes do autor (*Vinte poemas do rio, Cancioneiro do cacau, Os enganos cativantes, O menino camelô, Rumores de relva e de remo* [inédito]), e constando ainda de alguns outros inéditos. A escolha de Mirella Abriani recai na líquida suavidade de uma poética de aquosa transparência, fluidamente vertida do português para o italiano: "O rio transpira claro nessa tarde" (Il fiume traspira chiaro in questo meriggio). Não pode senão ser apreendida como mágica a translúcida gratuitidade deste dizer.

Quando se afirma (com Sir Philip Sydney) que a poesia lírica não diz nada, que a poesia lírica não é conceito, não é afirmação, é antes a súbita interrupção da razão e a pura irrupção dos sentidos por meio da solidez da palavra plena, o que realmente se diz é que a poesia se escreve no corpo, como solenemente proclama Antônio Ramos Rosa na sua poética de diáfana materialidade. Por isso é que a metafísica do corpo do Caeiro de Pessoa leva o modernista português a desejar ardentemente trincar a terra toda e sentir-lhe um paladar. E por isso também é que a racionalidade corpórea do seu Campos distingue o ser do estar, traduzindo a sua problemática metafísica na fisicalidade temporal da existência. É desta janela pessoana que escolho ler aqui o sensualíssimo lirismo de Cyro de Mattos, que em poemas da mais cristalina corrente-do-existir dá a beber a precária realidade-de-ser.

Quando, em 1998, Cyro de Mattos participou em Coimbra do III Encontro Internacional de Poetas, lendo os seus poemas na bucólica e romântica Lapa dos Esteios, a claridade límpida do seu lirismo impressionou quantos o ouviram. De novo ouço essa voz-de-água nestes *Poemas escolhidos*, e o rio que os atravessa, o Cachoeira que banha Itabuna, aliás coincidente com o próprio poema no poema que tem por título o nome da cidade brasileira do cacau, bem podia ser o Mondego que atravessa Coimbra. O rio (o "morto" ou o "Cachoeira") e o mar (como o do menino-do-mar que se assusta ao vê-lo pela primeira vez) são apenas a água-elemento-vida que funda a poética de Cyro de Mattos. Na poesia de Cyro de Mattos, a água, que é o fundamento da vida é, em sua heraclitiana correnteza, a saudade da origem que a poesia não tem. Por isso é tão pungente esse "rio morto" no poema de mesmo título, um rio que "chora água" de saudades pelo passar e desgastar do tempo.

É, pois, ilusória a inocência que transparece nestes poemas, que apenas convencionalmente poderíamos chamar "da natureza". É certo que há, nesta coletânea, poemas como "Meu jardim", de infantil cantilena e coloridas coisas, ou ainda como o poema-jardim, de seu título "Flores", da "rosa", da "angélica" e da "margarida"; mas este último poema, que tão musicalmente celebra essas flores, termina com o avassalador peso da humana solidão, uma solidão que ameaça abarcar a terra toda, como na infinitude postulada no "Soneto da solidão telúrica" ("Pensei encontrar o paraíso nas / Terras do sem fim. // Então vi nas mãos quanta solidão"). Não deixa de ser forte e reconfortante a ligação deste poeta à natureza, como no "licor dos deuses" que decorre de "vegetal trama" em "Fruto", mas se observe neste brevíssimo poema a ominosa justaposição de "ouro" e "saga", por um lado, e "suor" e "tocaia", por outro. Mesmo que em muitos dos poemas se imagine ousadamente semente, flor, fruto, pássaro ou rio, o poeta está condenado a desencantar-se, como em "Lugar" ("Se não sou semente / Dos sonhos que beijei / (...) desencanto-me"). Não dizia Ruy Belo que o poeta dá palavras como as árvores dão fruto, mas de forma nada natural, já que a palavra poética é, afinal, uma violência exercida sobre a natureza? Em "Itabuna", já mencionado, o poeta é o menino afoito que, de estilingue certeiro na mão e sacola ao ombro, se apodera, implacável, dos ricos frutos tropicais que lhe são poema — porém, na solidão do peito. É a partir deste último sentimento de humana solidão que se entende a anelante interjeição/invocação que encerra o poema: "Quem nesse chão me plantou com raízes // Da saudade e solidão? Ó poema! / Ó recantos! Ó águas do meu rio!"

Cyro de Mattos pratica a arte do verso com a maestria de um virtuoso. "Itabuna" é um soneto perfeito, sem rimas finais regulares, mas de decassilábico ritmo petrarquista irrepreensível. *Poemas escolhidos* inclui mais três poemas que poderíamos considerar sonetos à maneira de Petrarca, novamente ressalvadas as rimas finais: "Galo", "Feições da rosa" (dedicado a Pablo Neruda) e "Soneto da solidão telúrica" mostram como o soneto não tem de ser o sapato apertado que Keats condena no seu "Sonnet: On the Sonnet". No seu conjunto, estes *Poemas escolhidos* de Cyro de Mattos recriam a toada popular das baladas ou cantares jogralescos, que fundem música, palavra e imagem. Um bom exemplo é "Viola", objeto-metáfora do poeta que encerra o povo e sua vida em sua música, ao mesmo tempo que no nome de instrumento musical e de flor reverbera o mistério da humana violência, a que não é possível escapar ("Trama minha sina / Viola do amor / No visgo da terra"). Com as cores ainda mais sombrias da mortalidade se pintam leves os ritmos populares de "Cantador", poeta preso nas malhas do tempo ("Já andei por mares / De cidade grande, / Vi medonha selva, / Triste pelos ares. // No asfalto assalto, / De repente a morte. // Sigo minha sina / De viver cantando, / Na roda do tempo / É o que sou de fato"). O misterioso "Fábula", cujo primeiro verso é "Sal te chamam", é para mim um hino ao incompreensível mar, metonímia da natureza e da vida, como menos criticamente se lê em "Invenções do mar" ("No mar há leões / Com suas jubas brancas / Rugindo sem parar") e em "O menino e o mar", este último, evidentemente de tão profundo significado para o poeta e para a responsável por esta coletânea e sua tradutora que o livro o repete, primeiro, como poema inserido no livro de pleno direito, depois, na quarta capa. Mais próximo da toada do romance popular ou xácara apresenta-se o magnífico "Canto a Nossa Senhora das Matas", 97 heptassílabos que deixam escorrer, lépidos, ao longo de quatro páginas, a voz límpida do cantor das "matas", sinédoque do Brasil, ou pelo menos da Bahia. O óbvio deslumbramento perante a pujante realidade telúrica que é a sua terra baiana ("Tudo é canto pelos ares") recusa, porém, a romantização sentimental e deixa cantar a dor também ("Como doem esses ais, / Cardumes morrendo à toa, / O índio extirpado da taba, / Os passarinhos na gaiola"). A oração é convincente, mas não há a certeza de que a "esperança" venha a pousar na palma da mão.

 Um dos meus preferidos, entre tantos de tão belo som-com-sentido (e invoco aqui o intraduzível *"sound reasoning"* de Christopher Smart), é "Rio Cachoeira", o poema da nostalgia do "havia". De novo Heráclito vem à mente. O poeta evoca o "menino bebedor de poesia" que tem dentro de si e para quem "havia" o que talvez fosse, afinal, "uma miragem que havia". O tempo é passado, e não é possível voltar nele a mergulhar. O rio que "transpira claro" agora, antes, no tempo do "havia", "mirava o bem-amado". Essa relação é que não é recuperável. O menino que se assustou com o barulho do mar em "O menino e o mar" e engoliu a piaba em "Rio morto" aprendeu a nadar, mas já não existe. O que existe é a utopia da líquida música dos sentidos da poesia de Cyro de Mattos. Quase se ouve nestes poemas o poeta brasileiro dizer, com Fernando Pessoa, "E eu era feliz? Não sei: / Fui-o outrora agora".

Maria Irene Ramalho
Doutora em Literatura Norte-americana
Presidente da Comissão Organizadora dos Encontros Internacionais de Poetas
Grupo de Estudos Anglo-americanos / Centro de Estudos Sociais
Universidade de Coimbra, Portugal

La liquida musica delle sensazioni

Su Poesie scelte, *di Cyro de Mattos*

Questa nuova raccolta di Cyro de Mattos, poeta brasiliano di Bahia e del mondo, con cui ha vinto, nel settembre 2006, il trofeo d'argento San Marco nella Decima Edizione del Premio Letterario Internazionale Maestrale Marengo D'Oro, Sestri Levante (Genova — Italia), è stata affidata alla poetessa, critica e traduttrice italiana Mirella Abriani, che ne ha curato la versione. Si ritiene che la selezione abbia a che vedere, per lo meno fino a un certo punto, con ciò che io chiamerei traducibilità. Tradurre non è dire la stessa cosa in un'altra lingua. Al contrario, tradurre è rendere manifesta *una cosa altra*. A maggior ragione, tradurre poesia (Haroldo de Campos la chiamava "creazione parallela") non è dire la stessa cosa in modo differente; è, innanzitutto, *parlare di nuovo*. È ciò che fa egregiamente Mirella Abriani in *Poesie scelte*, 25 poesie tratte da vari libri dell'autore (*Vinte poemas do rio, Cancioneiro do cacau, Os enganos cativantes, O menino camelô, Rumores de relva e de remo* [inedito]) e altri inediti ancora. La scelta di Mirella Abriani rientra nella liquida soavità di una poetica di fluida trasparenza, fluidamente riversata dal portoghese in italiano: "Il fiume traspira chiaro in questo meriggio" (O rio transpira claro nessa tarde). Non può essere recepita se non come magica la traslucida gratuità di questo dire.

Quando si afferma (con Sir Philip Sydney) che la poesia lirica non dice nulla, che la poesia lirica non è concetto, non è affermazione, essa è in primis l'improvvisa interruzione della ragione e la pura irruzione delle sensazioni attraverso la solidità della parola piena, ciò che realmente si dice, è la poesia che si scrive sul corpo, come solennemente proclama António Ramos Rosa nella sua poetica di diafana materialità. È per questo che la metafisica del corpo del Caeiro di Pessoa porta il modernista portoghese a desiderare ardentemente di mordere la terra tutta e sentirne il gusto. Ed è anche per questo che la razionalità corporea del suo Campos distingue l'essere dallo stare, traducendo la sua problematica metafisica nella fisicità temporale dell'esistenza. È da questa finestra pessoana che scelgo di leggere qui il sensualissimo lirismo di Cyro de Mattos che in poesie del più cristallino flusso-dell'-esistere offre da bere la precaria realtà-dell'-essere.

Quando, nel 1998, Cyro de Mattos partecipò a Coimbra al III Incontro Internazionale di Poeti, leggendo le sue poesie nella bucolica e romantica Lapa dos Esteios, la chiarezza limpida del suo lirismo impressionò quanti lo udirono. Di nuovo odo questa voce-di-acqua in queste *Poesie scelte* e il fiume che le attraversa, il Cachoeira che bagna Itabuna, peraltro coincidente con la stessa poesia nella poesia che ha per titolo il nome della città brasiliana del cacao, potrebbe essere benissimo il Mondego che attraversa Coimbra. Il fiume (il "morto" o il "Cachoeira") e il mare (come quello del bambino-del-mare che si spaventa nel vederlo per la prima volta) sono solo l'acqua-elemento-vita che fonda la poetica di Cyro de Mattos. Nella poesia di Cyro de Mattos l'acqua, che è il fondamento della vita è, nel suo eracliteo flusso, la saudade dell'origine che la poesia non ha. Per questo è così struggente questo "fiume morto" nella poesia con lo stesso titolo, un fiume che "piange acqua" di nostalgie per il trascorrere e il dissolversi del tempo.

È pertanto illusoria l'innocenza che traspare da queste poesie che solo convenzionalmente potremmo chiamare "della natura". È certo che in questa raccolta ci sono poesie come "Il mio giardino", di infantile cantilena e colorite cose, o come pure la poesia-giardino, il cui titolo è "Fiori", della "rosa", della "angelica" e della "margherita"; ma quest'ultima poesia, che così musicalmente celebra i fiori, termina col soggiogante peso dell'umana solitudine, una solitudine che minaccia di coinvolgere tutta la terra come nell'infinitudine postulata nel "Sonetto della solitudine tellurica" ("Pensai di incontrare il paradiso nelle / Terre del senza fine. // Allora vidi nelle mani quanta solitudine"). Non manca di essere forte e riconfortante il legame di questo poeta con la natura, come nel "liquore degli dei" che scorre da "vegetale ordito" in "Frutto", ma si osservi in questa brevissima poesia l'infausta giustapposizione di "oro" e "saga" da un lato, e "sudore" e "imboscata" dall'altro. Anche se in molti componimenti si immagini temerariamente semente, fiore, frutto, uccello o fiume, il poeta è condannato a disincantarsi, come in "Luogo" ("Se non sono semente / Dei sogni che baciai / (...) mi disincanto"). Non diceva Ruy Belo che il poeta dà parole come gli alberi danno frutti, ma in modo non naturale, dal momento che la parola poetica è, in fondo, una violenza esercitata sulla natura? In "Itabuna", già menzionata, il poeta è il bambino coraggioso che, con fionda dal colpo infallibile e tascapane in spalla, s'impossessa, implacabile, dei ricchi frutti tropicali che sono per lui poesia – però nella solitudine dell'animo. È a partire da quest'ultima sensazione di umana solitudine che si comprende l'ardente interiezione/invocazione che chiude la poesia: "Chi in questa terra mi piantò con radici // Della nostalgia e solitudine? O poesia! // O incanti! O acque del mio fiume!"

Cyro de Mattos pratica l'arte del verso con la maestria di un virtuoso. "Itabuna" è un sonetto perfetto, senza rime finali regolari, ma dal ritmo decasillabico petrarchista. *Poesia scelte* comprende anche tre poesie che potremmo considerare sonetti alla maniera del Petrarca, di nuovo eccettuate le rime finali: "Gallo", "Fattezze della rosa" (dedicata a Pablo Neruda) e "Sonetto della solitudine tellurica" mostrano come il sonetto non può essere la scarpa stretta che Keats condanna nel suo "Sonnet: On the Sonnet". Nel loro complesso queste *Poesie scelte* di Cyro de Mattos ricreano il motivo popolare delle ballate o i cantari giullareschi che fondono musica, parola e immagine. Un bell'esempio è "Viola", oggetto metafora del poeta che racchiude il popolo e la sua vita nella sua musica, allo stesso tempo nel nome dello strumento musicale e del fiore riverbera il mistero dell'umana violenza a cui non è possibile sottrarsi ("Tessi il mio destino / Viola d'amore / Nel vischio della terra"). Con i colori ancora più ombrosi della mortalità si colorano lievi i ritmi popolari di "Cantore", poeta prigioniero nelle maglie del tempo. ("Già andai per mari / Di una città grande, / Vidi paurosa selva, / Triste nell'aria, // Nell'asfalto assalto, / Improvvisa la morte. // Seguo il mio destino / Di vivere cantando, / Nella rotta del tempo / È ciò che sono di fatto"). La misteriosa "Favola", il cui primo verso è "Sale ti chiamano", è per me un inno all'incomprensibile mare, metonimia della natura e della vita, come meno criticamente si legge in "Invenzioni del mare" ("Nel mare ci sono leoni / Con le loro criniere bianche / Che ruggiscono senza fine") e in "Il bambino e il mare", quest'ultimo evidentemente di così profondo significato per il poeta e la responsabile e traduttrice di questa selezione che il libro lo ripete, prima come poesia inserita nella raccolta a pieno diritto, poi nella quarta di copertina. Più vicino al tono del romanzo popolare, o canzone narrativa, si presenta il magnifico "Canto alla Nostra Signora dei Boschi", 97 settenari che lasciano fluire, agili, per quattro pagine, la voce limpida del cantore dei "boschi", sineddoche del Brasile, o quanto meno della Bahia. L'ovvio stordimento di fronte all'esuberante realtà tellurica che è la sua terra baiana ("Tutto è canto nell'aria") rifiuta però il romantizzare sentimentale e lascia cantare pure il dolore ("Come dolgono questi lamenti, / Sciami che muoiono a caso, / L'indio estirpato dalla piantagione, / Gli uccelli in gabbia"). La preghiera è convincente, ma non vi è certezza che la "speranza" venga a posarsi sul palmo della mano.

Una delle mie preferite, fra tante dal cosi bel suono-consentimento (e invoco qui l'intraducibile *sound reasoning* di Christopher Smart) è "Fiume Cachoeira", la poesia della nostalgia del "c'era". Di nuovo torna in mente Eraclito. Il poeta evoca il "bambino bevitore di poesia" che ha in sé, o per chi "c'era" ciò che forse fosse, infine, "un miraggio che aveva". Il tempo è passato e non è possibile tornare a immergersi in esso. Il fiume che "traspira chiaro" ora, prima, nel tempo del "c'era", "ammirava il benamato". Ma questa relazione non è recuperabile. Il bambino che si spaventò per il fragore del mare in "Il bambino e il mare" e ingoiò il pesciolino in "Fiume morto", imparò a nuotare, ormai non esiste più. Ciò che esiste è l'utopia della liquida musica delle sensazioni della poesia di Cyro de Mattos. Quasi si sente in queste poesie il poeta brasiliano dire, insieme a Pessoa, "E io ero felice? Non so: / Lo fui una volta in quell'instante".

Maria Irene Ramalho
Dottorato in Letteratura Nordamericana
Presidente della Commissione Organizzatrice degli Incontri Internazionali di Poeti
Gruppo Studi Angloamericani / Centro Studi Sociali
Università di Coimbra, Portogallo

Rio morto

Vejo tua face invisível
Na claridade das águas,
Espumas lavadeiras nas pedras
Diversicoloridas de roupas.
O céu azul de nuvens mansas.
A lua derramando prata
No areal deixado pela cheia.
Eu sou aquele menino
Que engoliu tua piaba
Para aprender a nadar.
Eu sou aquele menino
Que pegou tuas borboletas
Nos barrancos voando em bando.
Eu sou aquele menino
Que sentiu em tuas boninas
A proposta livre da vida.
Eu sou aquele menino
Magro, esperto, traquino
Em tua paisagem luminosa.
Não havia, amor, dúvida,
Ares sombrios pegajosos
Cobrindo tua ilha com tesouro

Guardada por almas de pirata.
Nessa manhã de banho ausente,
Susto nos peraus e remansos,
O sol sem vidrilhar a correnteza,
Tristes meus olhos testemunham
Tua descida pobre e monótona.
Tua morte lentamente com sede
Inventada nas bocas de vômito...
Cachoeira o teu nome
Do rio que chora água.

Fiume morto

Vedo il tuo volto invisibile
Nel chiarore delle acque,
Spume lavandaie sulle pietre
Diversicolorate di indumenti.
Il cielo azzurro di nubi lievi.
La luna diffondendo argento
Sull'arenile lasciato dalla piena.
Io sono quel bambino
Che ha ingoiato il tuo pesciolino
Per imparare a nuotare.
Io sono quel bambino
Che ha acchiappato le tue farfalle
In volo sui fossi sciamando.
Io sono quel bambino
Che ha sentito nelle tue ninfee
La proposta libera della vita.
Io sono quel bambino
Magro, furbo, birichino
Nel tuo paesaggio luminoso.
Non c'era, amore, dubbio,
Aria scura vischiosa
Che copre la tua isola del tesoro

Custodita da anime pirata.

In questa mattina di bagno assente,

Angoscia nei fondali e negli stagni,

Il sole senza far baluginare la corrente,

Tristi i miei occhi testimoniano

Il tuo declino povero e monotono.

La tua morte lentamente assetata

Inventata nelle bocche di vomito...

Cachoeira il tuo nome

Del fiume che piange acqua.

Viola

Um povo e sua flor
Dentro de mim
Com vozes, cores, rios.
Um povo e sua flor
Com ventos, aves, penas.
Trama minha sina
Viola do amor
No visgo da terra.
Um povo e sua flor,
Emoção feita amêndoa
Na seiva do mistério,
Deixando-me acontecer
Alma, força e vida.

Viola

Un popolo e il suo fiore
In me
Con voci, colori, fiumi.
Un popolo e il suo fiore
Con venti, uccelli, piume.
Tessi il mio destino
Viola d'amore
Nel vischio della terra.
Un popolo e il suo fiore,
Emozione fatta mandorla
Nella linfa del mistero,
Lasciandomi succedere
Anima, forza e vita.

Fruto

Ouro, saga,
Suor, tocaia.

Código, rito,
Legenda, pompa.

Licor dos deuses
Em vegetal trama.

Frutto

Oro, saga,
Sudore, imboscata.

Codice, rito,
Leggenda, pompa.

Liquore degli dei
In vegetale ordito.

Embarque

O que deixo:
verde solidão
da raiz ao cabelo.

O que deixo:
vértebras do tempo,
desigual fermento.

O que deixo:
bala no verão,
cobra no inverno.

O que deixo:
gemido e agulha
ensacando ventos.

O que levo:
frutos de ouro
romaria e desterro.

O que levo:
sonhos e erros
do horizonte maciço.

Da árvore e seu resumo
os vícios do mundo
medos e sonhos

no velho pensamento.

Imbarco

Che cosa lascio:
verde solitudine
dalla radice alla chioma.

Che cosa lascio:
vertebre del tempo,
diseguale fermento.

Che cosa lascio:
sparo nell'estate,
serpente nell'inverno.

Che cosa lascio:
gemito e spine
imbottigliando venti.

Che cosa porto via:
frutti dorati
pellegrinaggio ed esilio.

Che cosa porto via:
sogni ed errori
dell'orizzonte massiccio.

Dell'albero del suo compendio
i vizi del mondo
paure e sogni

nel vecchio pensiero.

Itabuna

Encontro-me no verde de teus anos,
Como sonho menino nos outeiros,
Afoitas minhas mãos de cata-vento
Desfraldando estandartes nessas ruas.

São meus todos esses frutos maduros:
Jaca, cacau, mamão, sapoti, manga.
E esta canção que trago na capanga
É o vento soprando nos quintais.

Quem me fez estilingue tão certeiro
Nos verões das caçadas ideais?
Quem nesse chão me plantou com raízes

Fundas até que me dispersem ventos
Da saudade e solidão? Ó poema!
Ó recantos! Ó águas do meu rio!

Itabuna

Mi trovo nel verde dei tuoi anni,
Come sogno bambino nei colli,
Coraggiose mie mani di banderuola
Sventolando stendardi in queste strade.

Sono miei tutti questi frutti maturi:
Jaca, cacao, papaia, sapotiglia, mango.
E questa canzone che porto nel tascapane
È il vento che soffia negli orti.

Chi mi ha fatto fionda così sicura
Nelle estati delle cacce ideali?
Chi in questa terra mi piantò con radici

Profonde fino a che mi disperdano i venti
Della nostalgia e della solitudine? O poesia!
O incanti! O acque del mio fiume!

Cantador

Para Minelvino, em memória

Já andei por mares
De cidade grande,
Vi medonha selva,
Triste pelos ares.

No céu de cimento
O sol se esconde,
No asfalto assalto,
De repente a morte.

Tanto canto torto,
Tanto susto, soco,
De buzina aflita
Tanto peito rouco.

Sei de outros pássaros,
Cantigas de rio,
Aprendi com os bichos
O cheiro do mato.

Sou da terra verde
Onde a amêndoa doce

Dos frutos dourados
Faz o homem amargo.

Dá o mel a poucos,
Dá o fel a muitos,
Geme no meu peito
Este vento forte.

Sigo minha sina
De viver cantando,
Na roda do tempo
É o que sou de fato.

Cantore

A Minelvino, in memoria

Già andai per mari
Di città grande,
Vidi paurosa selva,
Triste nell'aria.

Nel cielo di cemento
Il sole si nasconde,
Nell'asfalto assalto,
Improvvisa la morte.

Tanto canto strabico,
Tanto spavento, percossa,
Di clacson afflitto
Tanto petto roco.

So di altri uccelli,
Cantiche di fiume,
Imparai con gli animali
L'odore della foresta.

Sono della terra verde
Dove la dolce mandorla

Dai frutti dorati
Fa l'uomo amaro.

Dà il miele a pochi,
Dà il fiele a molti,
Geme nel mio petto
Questo vento forte.

Seguo il mio destino
Di vivere cantando,
Nella rotta del tempo
È ciò che sono di fatto.

Galo

Melhor tê-lo no seu clarim da aurora
Anunciando claras madrugadas,
Observá-lo rubro com bico e espora
Nas rações benditas, multiplicadas

Por mãos de orvalho, telúricas na hora
Sem rinha e rude medo das caçadas.
Melhor senti-lo nos quintais de outrora,
Pluma escavando o verde das jornadas

Do que encontrá-lo na multidão rouco,
Incolor pelo alto, no asfalto louco
Ou sabê-lo solitário das noites

Que passam sempre anônimas e tristes.
Vê-lo, assim, emudecido na sorte
Imutável que o tomba para a morte.

Gallo

Meglio averlo nel suo olifante dell'aurora
Annunciando chiare albe,
Osservarlo rubro con rostro e sperone
Nelle razioni benedette, moltiplicate

Da mani di rugiada, telluriche nell'ora
Senza zuffe e rude paura delle cacce.
Meglio sentirlo negli orti di un tempo,
Piuma che scava il verde delle giornate

Che incontrarlo tra la folla roco,
Incolore là in alto, nel pazzo cemento
O saperlo solitario delle notti

Che passano sempre anonime e tristi.
Vederlo, così, ammutolito nella sorte
Immutabile che lo fa cadere nella morte.

Rio Cachoeira

Havia o fragor de espumas,
Havia o verde das vagas,
Havia o tesouro na ilha,
Havia o areal de prata.

Havia margarida nas margens,
Havia borboletas no barranco,
Havia o sol na canoa,
Havia as fotos da lua.

Havia lavadeira nas pedras,
Havia andorinhas na vidraça,
Havia areeiros na música,
Havia pescadores na fábula.

Ao menino bebedor de poesia
Que falava com os peixes no mergulho
Certamente uma miragem que havia,
Sem saber de encalhe e caramujo
Reservando o pantanal de ventania.

O rio transpira claro nessa tarde
Na voz que vem das águas sem alarde
Dizendo que no leito antigamente
O tempo conspirava no horizonte.
Se na manhã de azul era banhado
Noturno o rio mirava o bem-amado.

Fiume Cachoeira

C'era il fragore delle spume,
C'era il verde delle onde,
C'era il tesoro nell'isola,
C'era l'arenile d'argento.

C'era margheritina sulle rive,
C'erano farfalle nei dirupi,
C'era il sole nella canoa,
C'erano le foto della luna.

C'era lavandaia sulle pietre,
C'erano rondini alla finestra,
C'erano arenili nella musica,
C'erano pescatori nella favola.

Al bambino bevitore di poesia
Che parlava con i pesci nell'immersione
Certamente un miraggio che aveva,
Senza sapere di inciampi e molluschi
Preservando il pantano da ventate.

Il fiume traspira chiaro in questo meriggio
Nella voce che viene dalle acque senza fasto
Dicendo che nell'alveo anticamente
Il tempo cospirava all'orizzonte.
Se nella mattina di azzurro era bagnato
Notturno il fiume ammirava il benamato.

Meu jardim

Ontem o girassol
Brilhou de sol a sol.
Hoje a borboleta
Brincou com a violeta
E a operosa abelha
Beijou a rosa vermelha.
Amanhã a magnólia
Vai contar a história
Do Reizim Valentim
E seu cavalo Bandolim.
Coisas coloridas assim
Acontecem em meu jardim.

Il mio giardino

Ieri il girasole

Brillò di sole in sole.

Oggi la farfalletta

Ha giocato con la violetta

E l'ape operosa

Ha baciato la rossa rosa.

Domani la magnolia

Racconterà la storia

Del Reuccio Valentino

E del suo cavallo Mandolino.

Cose colorate così persino

Succedono nel mio giardino.

Flores

Rosa
Branca no peito,
Tranqüilidade;
Rosa no verde,
Felicidade.

Angélica
Seda do céu
Adorna o dia;
Pureza eterna,
Virgem Maria.

Margarida
Ave, sol
Da aurora
Ao arrebol.
Dentro da mão,
Quanta solidão!

Fiori

Rosa

Bianca nel petto,
Tranquillità;
Rosa nel verde,
Felicità.

Angelica

Seta del cielo
Adorna il giorno;
Purezza eterna,
Vergine Maria.

Margherita

Uccello, sole
Dall'aurora
Al tramonto.
Nella mano,
Quanta solitudine!

ABC do amor

Suas mãos
Minhas mãos
Ave/céu,
Peixe/água,
Abelha/mel,
Raiz/chão.

ABC dell'amore

Le sue mani
Le mie mani
Uccello/cielo,
Pesce/acqua,
Ape/miele,
Radice/terra.

Lugar

Entendo ser real
Estar na relva
Com o meu canto
Sedento de amor.
Neste rumor secreto
Verde minha palavra
De brotar em cada um.
Se não sou semente
Dos sonhos que beijei
Cantando na chuva,
Lá dentro trancado,
Cúmplice do eterno
Riscado num instante
Direi não sou de fato
E no caos desencanto-me.

Luogo

Voglio essere reale
Stare nell'erba
Con il mio canto
Assetato d'amore.
In questo sussurro segreto
Una verde mia parola
Da far sbocciare in ognuno.
Se non sono semente
Dei sogni che baciai
Cantando nella pioggia,
Là dentro rinchiuso,
Complice dell'eterno
Cancellato in un istante
Dirò non sono di fatto
E nel caos mi disincanto.

Mar grande

Nas marés de mijo
Pirata que não cansa,
Insônia de (m)ilha
Polida na fuga,
Cardumes à sombra,
Uma manhã só faca.
Por que a mancha
Não recusa e na praia
De uma só água
Clara para todos
Verte a onda vasta
Sem avidez de mapas,
Luminoso de sentido
No que despeja e sepulta?

Mare grande

Nelle mare di orina

Pirata che non riposa,

Insonnia di (m)isola

Levigata nella fuga,

Sciami nell'ombra,

Una mattina solo di fendenti.

Perché l'onta

Non rifiuta e nella spiaggia

Di una sola acqua

Chiara per tutti

Riversa l'ampia onda

Senza avidità di mappe,

Luminoso di significato

In ciò che getta via e seppellisce?

Dunas

> Ilumino-me
> de imenso
> Ungaretti

No sempre
Do vento.
No agora
Do silêncio.
Iluminado
Em solidão.

Dune

> M'illumino
> d'immenso
>   Ungaretti

Nel sempre

Del vento.

Nel presente

Del silenzio.

Illuminato

In solitudine.

Feições da rosa

Para Pablo Neruda,
em memória

No verde, felicidade,
No branco, tranqüilidade.
Quem tem amor para dar
Vive de beijos no ar.

Sândalo e seda fluindo,
Sonho: de relva luar,
Luz de meus olhos caindo
Como ternura a brilhar.

Ó ritual de carícia,
Asas trêmulas nessa hora.
Há jardins, manhãs: delícia.

Que a rosa, arabela, mora
Em frágil ventura (insídia)
Mas a da alma na alma flora.

Fattezze della rosa

A Pablo Neruda,
in memoria

Nel verde, felicità,
Nel bianco, tranquillità.
Chi ha amore da dare
Vive di baci in cielo.

Sandalo e seta che fluiscono,
Sogno: di prato lunare,
Luce dei miei occhi cadendo
Come tenerezza a brillare.

Ò rituale di carezza,
Ali tremule in quest'ora.
Ci sono giardini, mattine: delizia.

Che la rosa, bella nel cielo, abiti
In fragile ventura (insidia)
Ma quella dell'anima nell'anima fiorisca.

O evento terno

Sentido não haveria
Do aroma sem canto.
A aderência perfeita
Toca o mistério,
A natureza se impõe
Na luz deste céu sonoro.
Na nervura da pétala,
Tremor translúcido,
O pássaro tece e acontece.

Il tenero evento

Senso non ci sarebbe

Dell'aroma senza canto.

L'aderenza perfetta

Tocca l'enigma,

La natura s'impone

Nella luce di questo cielo sonoro.

Nella nervatura del petalo,

Tremore translucido,

Il passero tesse e succede.

Fábula

Sal te chamam,
Ave sem canto, insônia,
Fome de flora,
Cinza de fauna,
Teus risos que matam,
De mãos dadas na várzea,
Por que não te soma,
Enriquece e não toma?
Ave, ilha, febre de fama,
Ciranda retoma-te,
Refaz tua ordenha
De nascedouro fecundo,
Que fizeste imprópria
Por entre sombras.
Anuncia-te flauta
Soprando ventos suaves
Dentro da rota certa
Sem abraçar o rancor
De inconcebível faca
Entre os verdes nascidos
E os maduros caídos,
Teu cortejo que empolga.

Favola

Sale ti chiamano,

Uccello senza canto, insonnia,

Fame di flora,

Cenere di fauna,

Le tue risate che uccidono,

Mano nella mano nella campagna,

Perché non ti accresci,

Arricchisci e non prendi?

Uccello, isola, febbre di fama,

Ciranda riprenditi,

Rifai la tua mungitura

Di sorgente feconda,

Che facesti impropria

Nelle ombre.

Annunciati flauto

Soffiando venti soavi

Nella rotta sicura

Senza abbracciare il rancore

Dell'inconcepibile coltello

Fra i verdi nati

E i maturi caduti,

Il tuo corteo che trascina.

Oferenda

Abre-te terra,
Reinventa-te em rosa,
Perfuma teu perfume
Com esse vinho sempiterno,
Última oferenda de teu filho
Que foi ave, mão e árvore,
Agora flor sem vento
Na poeira do tempo.

Offerta

Apriti terra,
Reinventati rosa,
Profuma il tuo profumo
Con questo vino sempiterno,
Ultima offerta di tuo figlio
Che fu uccello, mano e albero,
Ora fiore senza vento
Nella polvere del tempo.

Invenções do mar

No mar há leões
Com suas jubas brancas
Rugindo sem parar.

No som que bate e volta
Haja ouvido para escutar
O e-l-é-t-r-i-c-o no ar.

No ouvido há ondas
Que na concha soam
Fingindo marulho do mar.

Qual o mar que mais encanta:
O que alaga o ouvido na concha
Ou o que lá fora faz chuááá?

Invenzioni del mare

Nel mare ci sono leoni
Con le loro criniere bianche
Che ruggiscono senza fine.

Nel suono che batte e ritorna
Ci sia udito per ascoltare
L' e-l-e-t-t-r-i-c-o nell'aria.

Nell'orecchio ci sono onde
Che nella conchiglia risuonano
Fingendo il mormorio del mare.

Quale il mare che più incanta:
Quello che invade l'orecchio nella conchiglia
O quello che là fuori fa sciuàààà?

Poema todo verde

O verde de todas as chuvas
Escorrendo em chão de infância
Amado nas flores ideais.

O verde de todos os ventos
Brincando na várzea intensa
Amanho de eterna paz.

O verde de todos os pássaros
Cantando na irmandade dos ares
Aragem de rações iguais.

O verde de todos os sóis
Iluminando geografias impossíveis
Armadura de colheitas ideais.

Carregado de verde nas nuvens
Molhar o mundo fero e solitário
Pelos quatro cantos cardeais.

Poesia tutta verde

Il verde di tutte le piogge
Che scorre sul terreno dell'infanzia
Amato nei fiori ideali.

Il verde di tutti i venti
Che gioca nella campagna intensa
Coltura di eterna pace.

Il verde di tutti gli uccelli
Che canta nella fraternità dei cieli
Brezza portatrice di razioni uguali.

Il verde di tutti i soli
Che illumina geografie impossibili
Armatura di raccolte ideali.

Carico di verde nelle nuvole
Bagnare il mondo aspro e solitario
Nei quattro angoli cardinali.

País de nenhum azul

No litoral destroços
Do que se chama vitória,
A droga excita cardumes
A matar a maravilha,
Na vigília tubarões
Armazenam continentes
De auroras pilhadas,
O tempo que assusta
Com rumo [r] de nevoeiro,
A memória às avessas.

Nas milhas feridas
Coragem é preciso
Para cantar a vida,
Nos ombros diluvianos
Sustentar a dor de muitos,
Submersa em vergonha
A tristeza nas águas
Desse grito no peito.

Paese di nessun azzurro

Nel litorale sconfitti
Di ciò che si chiama vittoria,
La droga eccita sciami di pesci
A uccidere la meraviglia,
Nella veglia pescecani
Ammucchiano continenti
Di aurore saccheggiate,
Il tempo che spaventa
Con rotte [r] di nebbione,
La memoria al contrario.

Nelle miglia ferite
Coraggio è necessário
Per cantare la vita,
Sulle spalle diluviane
Sostenere il dolore di molti,
Sommersa in vergogna
La tristezza nelle acque
Di questo grido nel petto.

Tropas

Vinha o vento dizer
Daquele silvo,
Perene de guizo
A manhã de música.
O ouro de cascos
Em chão de cascalho
Aqui desta curva.
Como flor na poeira
Com o amante festivo
Das ancas do tempo
Por que não retornam?

Truppe

Veniva il vento a dire
Di quel tintinnio,
Perenne di sonagli
La mattina di musica.
L'oro delle cortecce
Su un terreno di pietrisco
Qui di questa curva.
Come fiore nella polvere
Con l'amante festoso
Delle anche del tempo
Perché non ritornano?

O menino e o mar[*]

Era a primeira vez
Que tinha ido ver o mar.
Todo alegre, de calção,
Peito nu e pé no chão.

Quando viu tanta água
Fazendo barulho
Sem parar, disse:

– Pai, me dê sua mão.

---

[*] O poema "O menino e o mar" foi um dos vencedores do 5º Concurso Poético Cancioneiro Infanto-juvenil para a Língua Portuguesa, do Instituto Piaget de Almada, Portugal.

Il bambino e il mare*

Era la prima volta
Che andava a vedere il mare.
Tutto contento, con i calzoncini,
Torso nudo e piedi scalzi.

Quando vide tanta acqua
Che faceva un fracasso
Senza fine, disse:

— Papà, dammi la mano.

* Con la poesia "O menino e o mar" è stato uno dei vincitori del 5º Concorso Cancioneiro di Poesia per l'Infanzia in Lingua Portoghese, patrocinato dall'Istituto Piaget di Almada, Portogallo.

Soneto da solidão telúrica – II

Pensei encontrar o paraíso nas
Terras do sem fim. Nas manhãs serenas
Frutos dourados. Verdejantes veias
Da vida retomada sem urgências.

Lá, no verde sem fim, perseverava
No velho aprendizado da utopia
Que me habita transpirando no hálito
De pesares e rumos da agonia.

Salpicado de flores, me queimava
Em teu sol forte, ardendo o pensamento
No ouro de tuas amêndoas. De tanto

Querer-te não reparti. De repente
Eis que me encontrei, nos meus rastros, triste.
Então vi nas mãos quanta solidão.

Sonetti della solitudine della Terra – II

Pensai di trovare il paradiso nelle
Terre del senza fine. Nelle mattine serene
Frutti dorati. Verdeggianti vene
Della vita ripresa senza urgenza.

Là, nel verde senza fine, perseveravo
Nel vecchio apprendistato dell'utopia
Che mi abita traspirando nell'alito
Di afflizioni e rotte di agonia.

Cosparso di fiori, mi bruciavo
Nel tuo sole forte, ardendo il pensiero
Nell'oro delle tue mandorle. Di tanto

Amarti non condivisi. D'improvviso
Ecco che mi trovai, nelle mie orme, triste.
Allora vidi nelle mani quanta solitudine.

Canto a Nossa Senhora das Matas

Já estão alegres os bichos
Da bem-amada nas serras,
Chão de cardo brota a flor,
Tronco morto vira árvore,
O gavião manso amanhece.
Tudo é canto pelos ares,
Lábios que o beijo acendem
No seio fresco da mata.
Tom suave adorna o dia,
Ramo de luz sempre verde.
Jasmim tecido no sonho,
Fruta doce no colo virgem.
Riacho quando mina na pedra
Passa sereno na baixada,
Nave da noite com a lua
No areal derrama prata.
Formosa serrana, diáfana,
Como doem esses ais,
Cardumes morrendo à toa,
A cachoeira chorando suja.
Sob as asas maternais acode
O sol pálido que tosse,

O índio extirpado da taba,
Os passarinhos na gaiola.
Arminho protetor do filhote,
Dia de flor de laranjeira,
Na haste suspensa e leve
Reabre, senhora, passo de baile
Do beija-flor com a rosa.
Já não sai do oco a coruja,
Do azul a garça como noiva,
Carcará não pega, mata e come.
Jacaré não choca na lagoa
E a memória de couro abala
O meu ser ferido de desejo
Das águas puras e profundas.
Mastruço, capim-santo, alfazema,
Alívio de repetidas penas,
Cura-me dos grandes clamores
Nas visões da flora exilada,
Nas ruínas da fauna sombras
Desde nosso irmãozinho grilo
Na relva da macia madrugada
Ao rumor azul das andorinhas
Quando vinha a primavera
Trissando a manhã luminosa.
A alma flamante dos girassóis
E o sabor das goiabas maduras
Quando a mata for deserta,
Não mais se colher a flor,

O rio se esconder da chuva,
A terra dormir amarga
E de Deus não cair a lágrima
Será esta a triste música?
Nessa luta contra o mal
Pelos quatro cantos do sol,
Pelos quatro prantos da lua,
Te fazendo verde nas nuvens
Molha a vida fera e solitária.
Ó abelha misericordiosa
Pousa em mim a esperança,
Em cada palma da mão
A operosa colméia sonora.
Guardiã do mico-leão,
Tamanduá-bandeira, chorão,
Quero-quero, preguiça,
Ararinha azul, anta.
Embora fujam do verde
Odores do que me encanta
Além o azul inocente ressoa.
Penetra-me de vento e chuva,
Hora telúrica de outrora,
Com que emoção bendizia
Mão cheia de rações várias,
No crispar de casulo sopra
Ajuste de brilho na fábula,
Sinais de frescor na amora.
Afugenta o raio assassino

Como a corça diante da onça.
Diz-me: nunca mais! nunca mais!
Equilibra frêmitos e lamentos,
Os animais vivem à sua maneira
Como simples notações de amor.
Em teu percurso de planta
O dia e a estrela clareia,
Desarma na capoeira o alçapão,
Apaga o fogo na queimada.
Ó seda levando voz perfumada,
Sol, chuva, arco-íris, aurora.

Canto alla Nostra Signora dei Boschi

Già sono allegri gli animali
Della benamata nelle foreste,
Terra di cardo germoglia il fiore,
Tronco morto diventa albero,
Il mite sparviere si risveglia.
Tutto è canto nell'aria,
Labbra che il bacio accendono
Nel fresco seno del bosco.
Una cadenza soave abbellisce il giorno,
Ramo di luce sempreverde.
Gelsomino tessuto nel sogno,
Frutta dolce in grembo vergine.
Fiumiciattolo quando scava nella pietra
Passa sereno nella pianura,
Nave nella notte con la luna
Nell'arenile diffonde argento.
Bellissima montagna, diáfana,
Come dolgono questi lamenti,
Sciami che muoiono a caso,
La cascata piangendo sporca.
Sotto le ali materne accogli
Il sole pallido che tossisce,

L'indio estirpato dalla piantagione,
Gli uccelli in gabbia.

Ermellino protettore del suo piccolo,
Giorno di fiore d'aranceto,
Nello stelo sospeso e lieve
Riapri, signora, le danze
Del colibrì con la rosa.

Ormai non esce dal cavo la civetta,
Dall'azzurro la garza come novella sposa,
Lo sparviere non afferra, uccide e divora.

Jacaré non cova nella laguna
E la memoria del cuoio fa tremare
Il mio essere ferito dal desiderio
Di acque pure e profonde.

Nasturzio, erba santa, lavanda,
Sollievo di ripetute pene,
Curami daí grandi clamori
Nelle visioni della flora esiliata,
Nelle rovine della fauna ombrose
Dal nostro fratellino grillo
Nell'erba dell'umida alba
Al fragore azzurro delle rondini
Quando veniva la primavera
Garrendo nella mattina luminosa.

L'anima fiammeggiante dei girasoli
E il sapore delle goiaba mature
Quando il bosco diventerà deserto,
Non più si coglierà il fiore,

Il fiume si nasconderà alla pioggia,
La terra dormirà amara
E da Dio non cadrà la lacrima
Sarà questa la triste musica?
In questa lotta contro il male
Nei quattro canti del sole,
Nei quattro pianti della luna,
Facendoti verde nelle nuvole
Bagna la vita crudele e solitária.
O ape misericordiosa
Posa in me la speranza,
In tutte e due le mani
L'operosa arnia sonora.
Guardiana della scimmia-leone,
Formichiere-bandiera, chorão,
Quero-quero, bradipo,
Pappagallino azzurro, tapiro.
Benché fuggano dal verde
Aromi di ciò che mi incanta
Al di là l'azzurro innocente risuona.
Penetrami di vento e pioggia,
Ora tellurica di un tempo,
Con che emozione benedicevi
Mano piena di congerie varie,
Nell'incresparsi del bozzolo soffia
Combinazione di luccichio nella favola,
Segnali di freschezza nella mora.
Metti in fuga il raggio assassino

Come la cerbiatta di fronte al giaguaro.
Dimmi: mai più! mai più!
Equilibra fremiti e lamenti,
Gli animali vivono a modo loro
Come semplici annotazioni di amore.
Nel tuo percorso di pianta
Il giorno e la stella rischiara,
Disarma nella radura arsa la trappola,
Spegni il fuoco nell'incendio.
Mitiga portando via una voce profumata,
Sole, pioggia, arcobaleno, aurora.

Obras de Cyro de Mattos

Prosa

Os brabos, contos, Prêmio Afonso Arinos da Academia Brasileira de Letras, Editora Civilização Brasileira, Rio de Janeiro, 1979.

Duas narrativas rústicas, Editora Cátedra, Rio de Janeiro, 1985, contendo "Inocentes e selvagens", Prêmio Internacional Cervantes, Casa dos Quixotes, e "Coronel, cacaueiro e travessia", Menção do Prêmio Internacional Plural, México.

Os recuados, Prêmio Nacional Jorge Amado do Centenário de Ilhéus, 1981; Prêmio Nacional Leda Carvalho da Academia Pernambucana de Letras, 1982; e Menção Honrosa do Prêmio Jabuti da Câmara Brasileira do Livro, São Paulo, 1988; Tchê! Editora, Porto Alegre, 1987.

Berro de fogo e outras histórias, Prêmio Vânia Souto Carvalho da Academia Pernambucana de Letras; Fundação Casa de Jorge Amado/Edufba, Editora da Universidade Federal da Bahia/Editus, Editora da Universidade Estadual de Santa Cruz, Ilhéus, Bahia, 1997.

O mar na rua Chile e outras crônicas, Finalista do Prêmio Jabuti da Câmara Brasileira do Livro, Editus, Editora da Universidade Estadual de Santa Cruz, Ilhéus, Bahia, 1999.

Natal das crianças negras, contos, edição trilíngüe, Edições Macunaíma, Salvador, 2002. Tradução de Luiz Angélico (inglês) e Maysa Miranda (francês).

Alma mais que tudo, crônicas, LGE Editora, Brasília, 2006.

Poesia

Cantiga grapiúna, Edições GRD, São Paulo, 1981.

No lado azul da canção, Editora Cátedra, Rio de Janeiro, 1984.

Lavrador inventivo, Editora Cátedra/Instituto Nacional do Livro, Rio de Janeiro, 1984.

Vinte poemas do rio, 1ª edição, Editora Cátedra, 1985; 2ª edição, bilíngüe, Editus, Editora da Universidade Estadual de Santa Cruz, Ilhéus, Bahia, 2002; 3ª edição, bilíngüe, Editus/UESC, 2003. Tradução de Manuel Portela (inglês).

Viagrária, Roswitha Kempf Editores, São Paulo, 1988.

A casa verde, Roswitha Kempf Editores, São Paulo, 1988; 2ª edição, bilíngüe, Editus, Ilhéus, Bahia, 2005.

Cancioneiro do cacau, Prêmio Nacional de Poesia Ribeiro Couto da União Brasileira de Escritores, 1997; Prêmio Emílio Moura da Academia Mineira de Letras; Finalista do Prêmio Jabuti da Câmara Brasileira do Livro; Prêmio Literário Internacional Maestrale Marengo d'Oro – 2006.

Os enganos cativantes, coleção Letras da Bahia, Secretaria da Cultura da Bahia, Salvador, 2002.

De cacau e água, bilíngüe, Edições Macunaíma, Salvador, 2003. Tradução de Fred Ellison (inglês); 2ª edição, 2006.

Canto a Nossa Senhora das Matas, bilíngüe, Fundação Casa de Jorge Amado, Salvador, 2004. Tradução de Curt Mayer Clason (alemão).

Literatura infanto-juvenil

O menino camelô, poesia, 1ª edição, Atual Editora, São Paulo, 1991; 11ª edição, Atual Editora, 2002. Grande Prêmio da Associação Paulista de Críticos de Arte, 1992.

Palhaço bom de briga, poesia, 1ª edição, L&PM, Porto Alegre, 1993; 3ª edição, L&PM, 1999.

O circo do Cacareco, poesia, 1ª edição, Atual Editora, São Paulo, 1998; 6ª edição, Atual Editora, 2004.

Oratório de Natal, poesia, Empresa Gráfica da Bahia/Secretaria da Cultura da Bahia/Fundação Cultural da Bahia, coleção Letras da Bahia, Salvador, 1997.

Histórias do mundo que se foi e outras histórias, 1ª edição, Editora Saraiva, coleção Jabuti, São Paulo, 2003; 3ª edição, Editora Saraiva, 2005. Prêmio Adolfo Aizen da União Brasileira de Escritores, 1997.

O goleiro Leleta e outras fascinantes histórias de futebol, Prêmio Hors Concours Adolfo Aizen da União Brasileira de Escritores, 2002; Editora Saraiva, coleção Jabuti, São Paulo, 2005.

O menino e o trio elétrico, Editora Atual, São Paulo, 2007.

Organização de antologias

Contos brasileiros de bichos (com Hélio Pólvora), Edições Bloch, Rio de Janeiro, 1979.

Itabuna, chão de minhas raízes, prosa e poesia, Oficina do Livro, Salvador, 1998.

Ilhéus de poetas e prosadores, coleção Letras da Bahia, Secretaria da Cultura da Bahia, Salvador, 1998.

O conto em vinte e cinco baianos, Editus, Editora da UESC, Ilhéus, Bahia, coleção Nordestina, 2000.

O triunfo de Sosígenes Costa (com Aleilton Fonseca), Prêmio Marcos Almir Madeira da União Brasileira de Escritores, Editus/UESC, coleção Nordestina, Ilhéus, Bahia, 2004.

Contos brasileiros de futebol, LGE Editora, Brasília, 2005.

Participação em antologias

Textos de autores baianos, organização de Hermano Gouveia Neto, Edições GRD, São Paulo, 1969. Conto: "Berro de fogo".

Doze contistas da Bahia, seleção de Antonio Olinto, Record Editora, Rio de Janeiro, 1969. Conto: "O velho e o velho rio".

Contos premiados no Concurso Orlando Dantas, Livraria São José Editora, Rio de Janeiro, 1971. Conto: "Papo-amarelo ou o longo curso da violência".

Poesia moderna da região do cacau, organização de Telmo Padilha, Editora Civilização Brasileira, Rio de Janeiro, 1977. Poemas: "Soneto da revisitação", "Gazal de rei Salim", "Fruto de amor" e "Cirurgia".

Moderno conto da região do cacau, organização de Telmo Padilha, Edições Antares, Rio de Janeiro, 1977. Conto: "O velho e o velho rio".

Cacau em prosa e verso, organização de Hélio Pólvora e Telmo Padilha, Edições Antares, Rio de Janeiro, 1978. Conto: "O rio"; Trecho de novela: "Cortejo fúnebre".

Doze poetas grapiúnas, organização de Telmo Padilha, Edições Antares, Rio de Janeiro, 1979. Poemas: "Poema agrário", "Soneto do Rio Cachoeira" e "Soneto do amor perdido".

Novos contos da região cacaueira, organização de Euclides Neto, Horizonte Editora, Brasília, 1987. Conto: "Desterro".

Poetas Baianos – geração Mapa até 1900, Revista Exu, n.º 18, Fundação Casa de Jorge Amado, Salvador, 1990. Poemas: "Da estrada" e "Viagrária" (fragmento).

Revista do Centro de Estudos Portugueses Hélio Simões, com os Anais do IV Seminário Internacional de Literaturas de Língua Portuguesa. Fragmentos de escrita: "Inocentes e selvagens" e "Coronel, cacaueiro e travessia", contos, Editora da Universidade Estadual de Santa Cruz – Editus, Ilhéus, 1997-98.

A poesia baiana no século XX, organização de Assis Brasil, Imago Editora, Rio de Janeiro, 1999. Poemas: "Rio morto", "Grapiúna" e "A casa verde".

Poetas e cronistas grapiúnas, CD com os poemas "O embarque", "O rio" e a crônica "A cidade na memória", produção Luz da Cidade, Niterói, Rio de Janeiro, 2000.

A Sosígenes com afeto, organização de Hélio Pólvora, Editora Cidade de Salvador, Salvador, 2001. Poemas: "Pavões de Sosígenes Costa" e "País de Sosígenes Costa".

Com a palavra o escritor, organização de Carlos Ribeiro, Fundação Casa de Jorge Amado, Salvador, 2002. Conto: "Velhinhos e suas notações do amor".

Fauna e flora nos trópicos, organização de Beatriz Alcântara e Maria de Lourdes Sarmento, Secretaria da Cultura do Ceará, 2003. Poema: "Canto a Nossa Senhora das Matas".

Poesia: varinha mágica, organização de Nelly Novaes Coelho, Editora Harbra, São Paulo, participação com dez poemas infantis.

Antologia panorâmica do conto baiano – século XX, organização de Gerana Damulakis, Editus, Editora da Universidade Estadual de Santa Cruz, Ilhéus, Bahia, coleção Nordestina, 2006. Conto: "Inocentes e selvagens".

No exterior
1) Em antologias, revistas e jornais
"Der Alte Flub", na antologia *Moderne Brasilianische Erzähler* (*Modernos contistas do Brasil*), Editora Walter, Alemanha/ Suíça, 1968. Conto: "O velho e o velho rio". Tradução de Carl Heupel.
"Starik e Staráia Reká", na antologia *K Iugu of Rio Grande* (*Narradores da América Latina*), Edições Molodáia Guardia, Moscou, 1973. Conto: "O velho e o velho rio". Tradução de Helena Riánzova.
"Klagesang i Klippene", na antologia *Latinamerikas Spejl* (*Visões da América Latina*), Editora Vindrose, Kopenhagen, Dinamarca, 1982. Novela: "Ladainha nas pedras". Tradução de Uffe Harder.
"Cancioneiro 80", no jornal *Letras & Letras*, n.º 52, Porto, Portugal, 1991. Poemas: "Canção ribeirinha", "A arara", "Na brisa", "No mar enigma", "Diante do rio" e "A águia", foto do autor, seleção e apresentação de Ana Maria Saldanha Dias.
Contos premiados no Concurso Joaquim Namorado, Câmara Municipal de Figueira da Foz, Portugal, 1992. Conto: "Berro de fogo", sob o título "Olhos de fogo".
Antologia de poesia contemporânea brasileira, organização de Álvaro Alves de Faria, Editora Alma Azul, Coimbra, Portugal,

2000. Poemas: "Mar de Fernando Pessoa" e "Soneto agônico do cacau".

Poesia do mundo/3, bilíngüe, organização de Maria Irene Ramalho de Sousa Santos, Edições Afrontamento, Porto, Portugal, 2001, reunindo poetas de 16 países. Poemas: "Versinverse in the flora" (Do versinverso da flora) e "Dead river" (Rio morto). Tradução de Manuel Portela.

Saudade, nº 3, reunindo poetas de dez países, Câmara Municipal de Amarante, Portugal, 2002. Poema: "Mar morto".

"Giving birth" e "Pre-dawn", em *Beacons*, Nova York, nº 9, reunindo poetas de 13 países, 2003. Poemas: "Da parição" e "Antemanhã". Tradução de Fred Ellison.

Poetas revisitam Pessoa, organização de João Alves das Neves, reunindo 50 poetas de Portugal e Brasil, Universitária Editora, Lisboa, 2002. Poema: "Mar de Fernando Pessoa".

"Alfonso Reyes un brasilianista", em *La Capilla Alfonsina*, vol. 4, nº 4, abril de 2005, México. Artigo: "O brasilianista Alfonso Reyes". Tradução de Alicia Reyes.

"Poème blanc", em *Cahiers de Poésie Jalons*", nº 84, Vichy, França, 2006. Tradução de Christiane e Jean-Paul Mestas.

A minha vida é uma memória, Cancioneiro Infanto-juvenil para a Língua Portuguesa, 5º Concurso Poético do Instituto Piaget, Almada, Portugal, 2006. Poema: "O menino e o mar".

Saudade, Associação Amarente Cultural, nº 8, Portugal. Poema: "Poemeto do pintor".

2) Em livros

Vinte poemas do rio, edição bilíngüe, Palimage Editores, Viseu, Portugal, tradução de Manuel Portela (inglês), 2005.
Ecológico, poesia, Palimage Editores, Portugal, 2006.

Sobre o autor na internet:

www.edukbr.com.br/leituraeescrita.marco02/iautores-asp-8k
www.secrel.com.br/jpoesia/cmattos.html-91k
www.uc.pt/poetas/people/brasil.htm
www.palimage.pt

Fale com o autor:

Travessa Rosenaide, 40/101, Zildolândia,
CEP: 45600-395, Itabuna–Bahia, Brasil.
Fone.: (73) 3211-1902
E-mail: cyropm@bol.com.br

Impresso em São Paulo, SP, em outubro de 2007,
com miolo em offset 90 g/m²,
nas oficinas da Bartira.
Composto em Bernhard Modern Std, corpo 12,5 pt. e em
Abadi MT Condensed Light, corpo 10 pt.

Não encontrando esta obra nas livrarias,
solicite-a diretamente à editora.

Escrituras Editora e Distribuidora de Livros Ltda.
Rua Maestro Callia, 123
04012-100 – Vila Mariana – São Paulo, SP
Tel.: (11) 5904-4499 – Fax.: (11) 5904-4495
escrituras@escrituras.com.br (Administrativo)
vendas@escrituras.com.br (Vendas)
imprensa@escrituras.com.br (Imprensa)
www.escrituras.com.br